7.
Lk 344.

APREMONT

Pour quiconque connaît le village d'Apremont et a gravi le point culminant sur lequel se voient encore les débris de l'ancien château, l'étymologie d'Apremont, qu'on écrivait autrefois Aspremont *(asper mons)* est très-facile à comprendre. Cette commune se trouve à plus de 500 mètres au dessus de Nantua, et les montagnes qui la traversent sont encore élevées de 628 pieds au dessus des vallons qu'elles forment à leur base. Aussi la température de cette localité est extrêmement froide en hiver; la neige couvre le sol durant sept mois de l'année et arrête par sa persistance la végétation, qui se développerait assez bien dans une terre grasse et ferrugineuse d'une assez grande profondeur. Les pâturages seuls y sont excellents, mais leur richesse n'aurait jamais été un appât assez attrayant pour attirer des colons; et Apremont serait encore à naître si des circonstances toutes politiques, des besoins de défense n'eussent engagé les sires de Thoire à y bâtir un château et à y amener des habitants.

<small>Guichenon. Généalogie, pages 218 et suivantes.</small>

Etienne II, et après lui Humbert III, sires de Thoire, avaient eu de longs démêlés avec Boniface et Philippe de Savoie, et Jean, abbé de St-Seine, prieurs du monastère de Nantua. Les villages d'Echallon, de Belleydoux, de Charix avaient été souvent pillés et brûlés par leurs hommes d'armes, et Nantua même avait vu prendre son château, dévaster son église et consumer une partie du couvent. Des trèves furent faites entre les belligérants en 1244, 1246 et 1248. C'est dans l'intervalle de cette dernière trève, à la reprise des hostilités en 1301, que les sires de Thoire bâtirent le château d'Apremont; car dès que ceux-ci s'étaient retirés des terres du prieur, ils voyaient les hommes d'Echallon, de Charix et de Plagne faire des incursions sur leur territoire, enlever les bestiaux, piller les fermes, brûler les moissons et commettre d'autres méfaits en représailles de l'incendie de leurs villages. Pour obvier à cet inconvénient, ils bâtirent donc le château d'Apremont dans la situation très forte où on le voit encore, et le placèrent comme une sentinelle avancée destinée à sauvegarder les villages d'Oyonnax et de Martignat, tout en leur servant de place de guerre dans les querelles qu'ils pourraient avoir avec Nantua.

Le territoire qui confinait le château était en grande partie la propriété du monastère, car c'était sur l'extrême limite de leurs possessions que les sires avaient construit leur forteresse. Aussi, quand plus tard ils voulurent appeler des colons, ceux-ci ne purent pas s'étendre au midi du château ; ce qui donna par la suite sujet à une association de juridiction entre les deux seigneurs, le prieur concédant de vastes terrains, le sire de Thoire promettant de les garder au moyen de son château d'Apremont.

On peut donc donner pour époque de la construction du château les années qui s'écoulèrent depuis la trêve de 1248 jusqu'en 1290, car en 1291 nous voyons Humbert IV, sire de Thoire, qui émancipe son fils et lui cède les châteaux,

Guichenon.
Généalogie,
page 223.

villes et seigneuries de Villars, Châtelard, Monthieu, Corsieu, Montelier, Montréal, Brion, Poncin, Mornay, Matafelon, Arbent, Ufelle et Apremont, s'en réservant simplement l'usufruit.

Humbert IV, comprenant combien il lui était difficile d'entretenir une garnison permanente dans un château d'un aussi difficile accès, résolut d'attirer autour du manoir un plus grand nombre d'habitants, qui auraient un intérêt direct à sa conservation et nourriraient même ses hommes d'armes par leurs redevances.

<small>Archives d'Apremont, cote 1.</small>

Pour arriver à ce but, le sire octroya le 15 juillet 1296 des franchises semblables à celles de Montréal afin d'attirer de nouveaux colons, et il ne demanda en retour des concessions qu'il fit en territoire, forêts et montagnes qu'une redevance annuelle et par feu d'une émine (quatre mesures) de froment et une d'orge, et douze deniers de Genève de cens annuel pour toute la communauté. Mais comme le but principal du sire était de faire garder son château par les hommes du village, il fut dit qu'en cas de guerre, du mariage de ses enfants ou d'acquisition de châteaux les habitants devraient lui venir en aide, et cela d'après un taux fixé par quatre des notables du village; c'est ce qu'on appelait alors *le droit d'aide*.

Le 10 avril 1331 Humbert V émancipa son fils Humbert et lui donna les villes, châteaux et seigneuries de Villars, Trévoux, Loyes, Poncin, Cerdon, Barrio, Brion, Montréal, Apremont, se réservant l'usufruit et les vignes de Cerdon. Ce fut avec cet Humbert que Jean de Gigny fit une délimitation du mandement d'Apremont et un bornage définitif sous la présidence et l'arbitrage d'Amé, comte de Genève, le 24 juin 1331.

<small>Guichenon. Généalogie, pages 224 et suivantes.</small>

En 1334 Humbert VI, voulant inféoder cette seigneurie, confirma les franchises d'Apremont par lettres patentes données au Châtelard en Dombes le 8 septembre 1337 ; après quoi il inféoda en toute justice le village et le château d'Apremont, avec toutes ses appartenances, à Etienne de Bussy, chevalier, dit le Blanc, en récompense de ses bons et loyaux services.

<small>Guichenon. Villes et châteaux, page 10.</small>

Ce chevalier eut trois enfants ; il donna la seigneurie d'Apremont à l'un d'eux, nommé Antoine de Bussy le Blanc, qui, étant mort sans postérité, laissa ses possessions faire retour au sire de Thoire et de Villars. C'est en cette qualité de seigneur suzerain et direct qu'Humbert VI fit un traité d'association avec le prieur de Nantua Jean de Nogent, non seulement pour la châtellenie d'Apremont, mais encore pour celle de Saint-Martin-du-Frêne.

APREMONT.

Cet acte important eut lieu le 13 juin 1355. En voici les clauses les plus essentielles :

Archives de Saint-Martin, cote 21.

« Les deux seigneurs partagent tous droits, revenus, sorties, rentes, tailles, eaux, cours d'eaux, fours, moulins, bois, pâturages, propriétés, commandements seuls et mêlés, juridiction haute, moyenne et basse, bans, offenses, échutes, commissions, etc.

» Le sire de Thoire prend le guet et la garde du château et de la châtellenie d'Apremont; la seule propriété en demeurera acquise aux sires de Thoire, qui seront seigneurs *de Thoire et de montagne.*

» Le châtelain sera choisi par le sire de Thoire sur trois hommes liges présentés par le prieur, et devra, avant d'entrer en exercice, prêter serment en l'église de Nantua entre les mains du prieur et du sire de Thoire, et sera changé chaque année.

» Le châtelain devra recevoir et loger le prieur et ses gens toutes les fois qu'il lui plaira, *mais il devra néanmoins être plus fort que son hôte,* soit dans le château, soit dans la châtellenie.

» Le village et territoire de Condamine-la-Doye seront renfermés dans le territoire et mandement de Saint-Martin.

» Il sera nommé un juge qui sera choisi d'un

commun accord, prêtera serment et aura un sceau commun. Ses honoraires ne pourront excéder, pour quelque cause que ce soit, 10 florins d'or.

» Le droit de faire grâce, de diminuer les peines ou de punir ne pourra être exercé qu'en commun et avec l'autorisation expresse des deux parties.

» Nul privilége, permission de foire, marché, exécution capitale, mutilation de membres ne pourront avoir lieu sans un consentement réciproque.

» Si une dissention a lieu entre les parties, le châtelain et la châtellenie auront à s'abstenir et à garder une parfaite neutralité.

» Les réparations, fortifications, agrandissements du château seront aux frais du sire de Thoire.

» Le sire de Thoire et le prieur de Nantua prêteront serment d'observer cette association, et les châtelains seront autorisés à ne leur obéir qu'après la prestation de ce serment dans l'église de Nantua.

» Les dîmes et revenus des dîmes de la châtellenie d'Apremont appartiendront au sire de Thoire, et celles de Saint-Martin au prieur et à l'église de Nantua. »

Tels sont les articles importants de cette association, dont les témoins furent Laurent Guillandi, chanoine de St-Just de Lyon, Henri de Bussy, légiste, Hugues de Dortan, damoiseau, Henri de Villars, archevêque et comte de l'église de Lyon.

<small>Archives de Chambéry. Protocole de Mota, n° 68, f° 65.</small>

En 1361 (24 octobre) le sire de Thoire inféoda de nouveau sa part de la seigneurie d'Apremont à Nicod de Châtillon.

Le 5 janvier 1354 Guillaume de la Baume, envoyé à Paris pour tâcher d'obtenir la donation du Dauphiné de la part d'Humbert, dernier dauphin, trouva cette importante province cédée au roi de France; mais l'ambassadeur savoyard ne mit pas moins son voyage à profit en faisant un traité d'échange de seigneuries et d'hommages entre son maître Amé V et Charles VI, alors premier dauphin de France.

Par ce traité important, le nouveau dauphin du Viennois céda au comte, avec d'autres seigneuries et châteaux, l'hommage que lui devait le sire de Thoire et Villars, son *homme aydant*. Voilà pourquoi nous voyons en 1374 Humbert VII, dernier sire de Thoire, faire hommage au comte Amé V pour les châteaux, villes et terres de Poncin, Châtillon-de-Corneille, les joux noires sur

<small>Archives de Dijon. Limites de Bresse, carton D, liasse 7.</small>

Meyriat, le mandement de Billiat avec les montagnes, Châtillon-de-Michaille, les châtellenies d'Apremont et de Brion, la maison forte de Volognat.

Deux ans après eut lieu une nouvelle délimitation des terres d'Apremont, de Montréal et de Nantua, faite en présence des seigneurs desdites terres.

Collationné par Prost, notaire, 1760. Minutes Millet.

En 1382 (2 mai) Humbert, sire de Thoire, accorda aux habitants d'Apremont des franchises de chasse dans les forêts de la seigneurie.

Archives de M. le comte de Douglas. Inventaire page 68, n° 1.

Par cet acte le sire concéda aux habitants tout pouvoir de chasse dans les montagnes avec filets et autres engins, et cela quand il leur plairait, leur permettant de tuer loups, cerfs, biches, porcs, sangliers, ours, lièvres, perdrix, etc., à la réserve toutefois qu'ils donneront au seigneur le civier et le flanc des cerfs, une cuisse des biches, la tête, un quartier de devant et de derrière des sangliers et porcs, et qu'ils apporteront le tout au château de Montréal, ou le livreront au châtelain d'Apremont.

Ce village, de même que Montréal, Arbent, Saint-Martin-du-Frêne et d'autres seigneuries, tomba sous la suzeraineté des comtes de Savoie, d'abord en vertu de la vente qu'Humbert VII en avait passée à Amé VIII pour la somme de cent

Archives de Dijon, vol. II de l'inventaire, page 793.

mille florins d'or le 23 octobre 1402, puis par la transaction qui eut lieu entre le comte de Savoie et le duc de Bourgogne le 24 avril 1414, par laquelle ce dernier céda au comte de Savoie, pour la dot de Marie de Bourgogne sa sœur, femme dudit comte, les lieux de Montréal, Arbent, Matafelon, Apremont, Saint-Martin, etc., pour 26,000 écus d'or. Cette cession reçut son plein effet par ordre du duc de Bourgogne, qui commanda à ses officiers, le 2 septembre 1414, de remettre à ceux du comte de Savoie toutes les places et châtellenies stipulées dans le traité. Apremont fut compris dans la remise du château et du mandement de Montréal dont il ressortissait pour la justice. Les principaux témoins de cette remise furent Guillaume, sire de Genost, Jean son fils, Humbert Bouart de Bonaz, Tristan de Dortan, Moissart de Matafelon, Hugonin du Breuil, écuyers, etc.

Archives de Dijon. Titres du Bugey, carton E, liasse 10.

Dijon, Archives ducales, tome I, layette 1re, n° 72, liasse 1re.

Guichenon. Preuves, page 257.

Cependant le comte de Savoie ne fut pas encore entièrement maître de ces seigneuries, car Philippe Lévi, vicomte de Lautrec, dont la mère Éléonore de Villars avait droit à la succession du sire de Thoire et Villars en vertu d'une substitution, demanda cette succession en 1424; elle lui fut refusée. Il s'adressa à l'empereur, qui, la même année, reconnut la justice de la demande;

mais, ne pouvant rien de plus pour lui, il lui accorda la *souffrance* de la terre de Villars. Enfin, le 14 juin 1432, Philippe de Lévi transigea à Chambéry avec le duc de Savoie et renonça à tous ses droits, excepté à ceux qu'il avait sur les châteaux de Montribloud, Montelier, Montgeffon, Apremont, Brion, Châtillon-de-Corneille, ainsi qu'à la dîme d'Izernore. Plus tard, en 1437, il céda ses droits sur Apremont, ce qui est prouvé par un nouvel accord qui eut lieu entre le comte de Savoie et le prieur de Nantua pour le partage de la juridiction et de la possession de Saint-Martin-du-Frêne et d'Apremont. Néanmoins le traité de 1355 fut pris pour base ; les seigneurs ne firent que mieux préciser leurs droits réciproques et limiter de nouveau leurs seigneuries. Archives de Bourg, Nantua, carton A.

Il paraît que le comte de Savoie avait inféodé Apremont à un seigneur de la Balme, car nous trouvons en 1444 (18 octobre) un hommage de veuve Guyonne de la Balme, *dame d'Apremont*, pour tout ce qu'elle possède au mandement d'Apremont avec investiture desdites possessions. Archives de Chambéry. Protocole Fabri, n° 91, f° 89.

Trois ans plus tard, 1447 (27 août), une nouvelle investiture de toute cette seigneurie fut faite par le duc de Savoie à Jacques de Montmayeur. Après la mort de ce seigneur, Charles, duc de Archives de Chambéry. Protocole Richard, n° 188, f° 297.

Savoie, transigea avec Gilbert de Miolans, son héritier, et rentra en possession de la châtellenie d'Apremont par un traité du 29 août 1486.

<small>Guichenon. Villes et châteaux de Bresse, page 87.</small>

Onze ans après, 19 novembre 1497, Philibert de Savoie inféoda à René de Savoie, son frère naturel, non seulement la châtellenie d'Apremont, mais encore le comté de Villars et la seigneurie de Gordans en Bresse. Mais René s'étant mis au service de la France contre la Savoie, tous les biens qu'il possédait furent confisqués, et Apremont rentra encore dans le domaine des ducs, qui le donnèrent avec d'autres terres à Marguerite d'Autriche, veuve de Philibert-le-Beau, par arrêt du sénat de Chambéry de l'année 1505 (5 mai).

<small>Archives d'Apremont, cote 3.</small>

En 1503 (28 mars) eut lieu une reconnaissance faite au duc de Savoie par les habitants du hameau du Grand-Vallon pour certaines terres qu'ils tenaient en emphytéose. Dans cet acte ils se reconnaissent débiteurs de deux deniers viennois pour l'abbergeage des terres qu'ils reconnaissent tenir en emphytéose du duc. Les principaux habitants qui passent cette reconnaissance au nom du village sont Jean Brunet et Benoit Monod ; on voit aussi les noms de Têtafort, Ravodi, Lineti, etc.

Cependant René, bâtard de Savoie, s'étant plaint au roi de France Louis XII, il y eut un nouveau compromis entre lui et Charles, duc de Savoie, par l'arbitrage de Georges, cardinal d'Amboise, légat de France, et Louise de Savoie, comtesse d'Angoulême, mère de François 1er. Il fut convenu, par sentence du 23 juin 1506, que le duc rétablirait René au comté de Villars et dans les seigneuries de Gordans et d'Apremont, et qu'en attendant il lui payerait six cents écus par an. En vertu de cette sentence, le 14 janvier 1520 le duc de Savoie inféoda de nouveau à René la châtellenie d'Apremont, et fit casser le jugement de confiscation. René inféoda cette châtellenie aux de Mareste, seigneurs de Sylans et de St-Maurice en Savoie, dont l'un d'eux, nommé Guillaume, la vendit à François de Tocquet, écuyer, seigneur de Montgeffon, vers l'an 1645.

<small>Guichenon. Villes et châteaux, page 131.</small>

René épousa la fille unique de Jean-Antoine de Lascaris, comte de Tende, dont il eut plusieurs enfants, entr'autres Honorat de Savoie, chevalier de l'ordre du roi, marquis de Villars, comte de Tende, amiral et maréchal de France, gouverneur de la Guyenne.

Plus tard, en 1579, Philibert, duc de Savoie, et Henrie, fille d'Honorat, femme de Charles de Lorraine, duc de Mayenne, pair de France, firent un traité par lequel celle-ci fut reconnue seule hé-

<small>Chambre des comptes de Savoie.</small>

ritière de la châtellenie d'Apremont dans le cas où son père mourrait sans enfants mâles ; car le retour de cette seigneurie devait avoir lieu au profit du duc, qui y renonça et reçut en échange le comté de Tende avec d'autres fiefs.

<small>Archives de Dijon. Reprises de fiefs.</small>

Malgré cet accord sur la suzeraineté, les de Mareste restaient toujours les seigneurs terriers d'Apremont, et nous voyons en 1531 un Georges de Vignod, seigneur de Dorches, épouser Louise de Mareste qui lui apporta en dot cette châtellenie, dont leurs enfants Philippe et Louis de Vignod firent l'aveu en 1602 à la chambre des comptes de Dijon.

Il paraît qu'après eux Apremont fit retour à la famille de Mareste, car en 1645 Guillaume de Mareste vendit à François de Tocquet, seigneur de Montgeffon, Matafelon et autres lieux, la châtellenie d'Apremont. En 1654 nous voyons l'un de ses fils, Claude de Tocquet, faire un dénom-

<small>Archives de Dijon. Fiefs du Bugey, liasse 4, cote 32.</small>

brement de la seigneurie d'Apremont, par lequel il reconnaît qu'une partie des dîmes et la moitié de la justice appartiennent à Nantua, toujours par l'association de 1355.

<small>Archives de Dijon. Titres du Bugey, liasse 10, carton F.</small>

Ce seigneur de Montgeffon, de Matafelon, de Tocquet, d'Apremont et autres lieux, était fort riche, car nous voyons qu'en 1665 il avait prêté des sommes considérables et reçu en gage la baronnie de Poncin et la terre de Cerdon ; ce qui engendra un long procès qui ne se termina qu'en 1700. Ce seigneur recevait de chaque feu d'Apremont quatre mesures de froment et quatre d'avoine, valeur de l'émine qui était stipulée dans l'affranchissement de 1296. Apremont payait la dîme de la onzième gerbe, et François de Tocquet en prélevait les cinq sixièmes ; l'autre sixième restant était pour le curé de la paroisse de Martignat, dont la chapelle d'Apremont n'était qu'une annexe, mais avant de le prendre le prieur de Nantua en prélevait deux quartaux de blondé et quatre quartaux d'avoine en sa qualité de collateur de ladite chapelle.

Archives de Dijon. Déclaration des communes, 1668.

La situation élevée de la chapelle d'Apremont, la difficulté de gravir la montagne en hiver ou les jours de tourmente, faisaient que le curé de Martignat désirait vivement que l'on bâtît une autre chapelle au bas de la montagne. Il consulta les habitants : trois hameaux refusèrent, sauf celui du Petit-Vallon où devait se trouver la nouvelle chapelle et où se trouve actuellement l'église.

Le curé, pour arriver à son but, demanda la permission à l'archevêque de Lyon de construire cette chapelle auprès du presbytère qui était situé

Archives d'Apremont, cote 7.

au Petit-Vallon. La permission reçue, il convoqua de nouveau tous les habitants d'Apremont qui refusèrent de contribuer à cette construction, sauf ceux du Petit-Vallon. Le curé eut l'air de céder, mais dans l'année 1733 il vint lui-même habiter la maison où logeait son vicaire, y resta quelques mois et finit par dire qu'il voulait faire une grande écurie à côté de la cure. Il prie les habitants d'Apremont de couper les bois nécessaires; ceux-ci, sans méfiance, s'empressent de venir en aide à leur pasteur, et voilà que bientôt une quantité énorme de sapins sont transportés à l'endroit choisi. Le curé trace les fondations de son écurie, mais ses dimensions dessillèrent les yeux des habitants, qui virent qu'on les avait pris pour dupes, et que le curé allait bâtir la chapelle tant désirée au lieu d'une écurie. Aussitôt les têtes se montent, tous les bœufs d'Apremont sont amenés et les sapins montés avec des peines infinies à l'ancienne chapelle pour y être coupés et employés à sa réparation. Le curé, vaincu par l'entêtement de ses paroissiens, retourna à Martignat. Il porta plainte à l'intendant de la province qui ne donna aucune suite à l'affaire, et la chapelle resta à construire.

Archives d'Apremont, cote 7.

En 1733 Amé de Tocquet, seigneur de Montgeffon, etc., eut un procès à soutenir avec les habitants qui refusaient de payer la redevance de quatre émines de froment et quatre d'avoine qu'ils devaient d'après l'acte d'affranchissement de 1296.

Après de longues procédures il intervint un arrêt du parlement de Dijon, du 9 janvier 1740, qui condamna tous les habitants à payer par feu cette redevance. Or, comme depuis sept ans on la refusait, elle fut convertie en argent, et chaque feu fut obligé de donner 63 livres 10 sous 6 deniers, déduction faite du douzième en plus que valait la mesure de Nantua sur celle de Montréal. En outre la commune fut obligée de payer tous les frais de l'instance et une amende de douze livres.

Là se terminerait la liste des titres d'Apremont si nous n'avions à parler des impôts de cette commune et à faire ressortir la servitude et les charges d'autrefois, comparées à la liberté et au bien-être d'aujourd'hui.

La commune d'Apremont est la seule où nous ayons trouvé les feuilles d'impôt et les avis imprimés de l'intendant des finances de la province de Bourgogne, relatifs à leur fixation. Voici l'analyse de ces différentes pièces et le taux de chacune :

1° Tailles, taillon, gages d'officiers, solde du prévôt des maréchaux (gendarmes), leur lieutenant, greffier, et archers et appointements de son

Archives d'Apremont.

lieutenant général, droits de voyages à Belley par les collecteurs, qui devaient y aller faire reconnaître leurs comptes, s'élevant, pour les années 1756, 1757 et 1758, aux sommes de 598, 603 et 609 livres;

2° Entretien de la milice, de deux compagnies de cadets, hôpitaux, etc., à celles de 236, 281 et 285 livres;

3° Capitation, à celles de 360, 375 et 376 livres;

4° Subsistance des troupes du royaume et leur entretien, à celles de 327, 331 et 339 livres;

5° Exemption du logement des militaires ou quartiers d'hiver, à celles de 520, 443 et 451 livres;

6° Gratification et don gratuit au roi, à celles de 232, 234 et 280 livres.

Total pour chacune de ces trois années, 2,273, 2,267 et 2,340 livres.

Voici donc la pauvre commune d'Apremont, qui comptait à cette époque 110 habitants, obligée de donner en argent la somme énorme, pour l'époque surtout, de 2,340 livres, tandisqu'en 1855 elle ne donne que 2,316 francs.

En outre de cet impôt onéreux, le pauvre paysan devait encore quatre mesures de froment et quatre d'avoine au seigneur par feu, la dîme au prieur de Nantua et au curé de Martignat, la corvée et autres servitudes féodales; ce qui faisait dire au bon La Fontaine en parlant du bûcheron:

> Quel plaisir a-t-il eu depuis qu'il est au monde?
> En est-il un plus pauvre en la machine ronde?
> Point de pain quelquefois et jamais de repos.
> Sa femme, ses enfants, *les soldats*, *les impôts*,
>   Le créancier et *la corvée*
> Lui font d'un malheureux la peinture achevée.

De nos jours Apremont, qui a une population de plus de 400 habitants, ne paie à l'Etat que 2,316 francs d'impôt, et encore sur cette somme il en retire presque la moitié, comme on peut le voir par le tableau suivant:

DISTRIBUTION DE L'IMPOT.

	Département.	Commune.	Etat.
Impôt foncier......	468 f.	128 f.	1031 f.
Mobilière et personnelle.	107	69	236
Portes et fenêtres....	39	146	192
	614	343	1459
		957	

La commune perçoit donc 343 fr. pour elle-même et 614 qui sont employés à l'entretien de ses routes, de ses édifices départementaux et autres dépenses utiles et à son profit. L'Etat, avec la somme qu'il reçoit, solde tout le monde, gendarmerie, armée, marine, fonctionnaires, et ne demande plus rien à l'habitant que d'améliorer le sol qu'il cultive, ainsi que son bien-être.

Ce que nous disons pour Apremont peut s'entendre de toutes les communes du Bugey; il n'y a de changé que les chiffres, qui devront être plus ou moins forts selon l'importance des villages.

Avant de quitter Apremont, nous allons donner la liste de ses seigneurs depuis l'époque de la fontion du village jusqu'à 1789:

1290. — HUMBERT IV, sire de Thoire et de Villars, fondateur du château d'Apremont;

1296. — HUMBERT V concède des franchises et augmente la population du village;

1337. — ETIENNE DE BUSSY, dit le Blanc, chevalier, reçoit en inféodation la seigneurie d'Apremont par le sire de Thoire;

1340. — ANTOINE DE BUSSY, fils du précédent, meurt sans enfants, et Apremont fait retour au sire de Thoire;

1345. — HUMBERT VI DE THOIRE associe le prieur de Nantua dans la moitié des revenus de la châtellenie d'Apremont;

1361. — NICOD DE CHATILLON, chevalier, seigneur de Cotaillon et d'Espercy, co-seigneur de Châtillon-de-Michaille, reçoit en inféodation la seigneurie d'Apremont;

1414. — AMÉ VIII, comte de Savoie;

1432. — PHILIPPE DE LÉVI, comte de Lautrec, comme héritier par sa mère du sire de Thoire Humbert VII;

1444. — GUYONNE DE LA BALME, dame d'Apremont;

1447. — JACQUES DE MONTMAYEUR;

1497. — RENÉ, bâtard de Savoie;

1505. — MARGUERITE D'AUTRICHE;

1520. — RENÉ DE SAVOIE, qui inféode Apremont aux de Mareste;

1531. — DE VIGNOD, époux d'une de Mareste;

1602. — PHILIPPE ET LOUIS, ses fils;

1645. — Retour à la maison de Mareste, dont l'un d'eux, Guillaume, vend Apremont au sieur de Tocquet;

1654. — CLAUDE DE TOCQUET;

1668. — FRANÇOIS DE TOCQUET;

. . . .

. . . .

1740. — AMÉ DE TOCQUET;

1745. — ROBIN, conseiller au parlement de Dijon;

1789. — Mme DE GRENAUD, veuve Robin, dame d'Apremont.

Cette dame de Grenaud n'était pas de la famille des de Grenaud, marquis de Rougemont, mais bien de celle des de Grenaud de noblesse récente, qui avaient acheté les fiefs de Montillet et de Nerciat.

Nantua, le 2 juin 1855.

DEBOMBOURG.

Professeur au collège, chargé du classement des archives de l'arrondissement.

Nantua, imprimerie Arène.

www.ingramcontent.com/pod-product-compliance
Lightning Source LLC
Chambersburg PA
CBHW060553050426
42451CB00011B/1886